노을을 노래하던 아이야

김덕희

김덕희 작가는 자연 속에 흐르는 소리와 감각을 통해 밝고 따뜻한 에너지를 발견하며, 이를 시에 담아 독자들과 나누고자 한다. 그녀의 작품 안에는 홀로서기와 더불어 살아가는 삶의 균형, 그리고 흔들리는 마음 가운데에서 나다움을 찾고자 하는 고민이 묻어난다. 그 고뇌의 흔적은 독자들에게 친근하면서도 깊은 공감을 불러일으키며, 일상의 빛나는 순간들과 잊고 지냈던 소박한 아름다움을 다시금 떠올리게 한다.

노을을
노래하던
아이야

순수함으로
물든 페이지,
김덕희 시집

작가의 말

오늘 당신만의 시 마음을 붙잡는다면 무엇이라고 쓰고 싶나요?

초겨울이라고 이야기하는 계절의 낮
바람을 타고 휘어지며 흔들리는 대나무를 본다.
서로 마주 보며 속삭이는 듯
얼굴과 온몸을 비비고 이야기한다.
그중에 한 대나무는 햇빛만 골골이 바라다보고
미동도 없다.
왜인지 물어보지 못한 내 마음이 빚어낸 형상이다.

파블로 네루다(칠레, 1904-1973)가 이야기했듯이 어느 날,

　시가 나를 찾아왔어. 그게 어디서 왔는지, 모르겠어,
　겨울에서인지 강에서인지. 언제 어떻게 왔는지 모르겠어.

내 마음이 그랬다. 왜 시였을까?
시가 내게로 왔다.
나를 찾아와준 시가 고맙고 고맙다.

시에서 받은 위로를 한마디로 표현할 수 없지만, 내 안의 감정과 교차하는 지점을 발견하면 안심이 되고 마음이 파란 잔디밭처럼 푸릇푸릇해진다. 시를 썼던 작가도 나처럼 흔들리는 사람이구나, 행복을 감추지 못해 이렇게 표현하는구나. 맞아 이맘 나도 알 것 같아. 슬프고 눈물 난다. 나에게만 국한된 감정이 아니라는 것을 발견하면 동지를 만난 것 같다 그리고 다시 잘 살아가야겠다는 생각에 웃음 짓는다. 나에게 온 시를 만났을 때 드는 생각들이다.

걷다가 오늘도 많은 소리를 듣는다. 주고받는 대화 속의 웃음소리, 새소리, 바람 소리, 물 흘러가는 소리. 살아있기에 느낄 수 있는 것들이다. 소리가 내게 특별하게 다가오는 이유는 그 안에 생명이 있기 때문이다. 독자들이 책을 읽는 동안 글자 사이의 여백에서 내가 듣는 소리와 냄새, 사람을, 독자의 오감으로 추억할 수 있다면 좋겠다. 김덕희는 개울물 소리, 꽃 무지갯빛 세상 소리, 설레는 소리에 봄을 느낀다. 독자들은 좋아하는 색과 목소리, 살갗에 따뜻하게 부딪히는 바람 소리로 봄을 느끼기도 하고, 누군가는 제철에만 먹을 수 있는 음식으로 봄을 느끼기도 할 것이다. 개인의 생김과 경험에 따라 좋아한다고 생각하는 것이 다르기 때문이다.

나의 시는 서툴다. 서툴지만 내가 머물렀던 시간과 장소 사람을 담아 가려 했다. 흔들리는 마음을 붙잡고 싶을 때, 다시 일어서고 싶을 때, 마음의 정리가 필요할 때 기록했던 기록의 묶음이다. 시집이라는 탈을 쓰고 있지만 살아가며 정리한 일기다. 우리는 모두 시인이며 소설가라고 생각한다. 시대정신을 반영한 어렵고 힘든 작업을 익숙하게 펼치지는 못하지만 각자 서사를 이루며 삶을 살아가고 있지 않은가. 시를 읽다 자신의 추억과 생각들을 떠올리며 나는 이렇게 표현하고 싶었는데 김덕희라는 사람은 이렇게 표현하고 있구나. 나도 쓸 수 있겠다 하면 더 고맙겠다.

그간의 기록을 『노을을 노래하던 아이야』로 묶을 수 있도록 동기부여해 주신 김현주 코치님과 가족, 절친들의 지지에 깊은 감사를 전하고 싶다.

2024년 11월

김 덕 희

차례

작가의 말   4

1장 사계

겨울이 오려나 봅니다 ——————————— 16
첫눈 ———————————————————— 17
겨울비 ———————————————————— 18
눈 ———————————————————— 19
겨울 새벽 ——————————————————— 20
꽃샘 추위 ———————————————————— 22
동면 ———————————————————— 23
눈꽃 ———————————————————— 24
봄의 가르침 ——————————————————— 25
녹차 한 잔 ——————————————————— 27
봄 ———————————————————— 28
영산홍 ———————————————————— 30
봄을 담다 ——————————————————— 31
봄날 단상 ——————————————————— 33
봄 까치 꽃 ——————————————————— 36
늦봄 ———————————————————— 38

동백꽃	39
봄이 오는 소리	40
봄을 걸어라	41
경칩	42
봄꽃	43
봄 투정	44
봄바람	45
우전	46
봄비	47
도라지 꽃	49
우수	50
장마	51
가뭄 끝	52
유월	53
5월	54
거미	55
비	56
가을밤 1	58
가을밤 2	59
가을 소리 1	60

가을 소리 2 ―――――62
가을 소리 3 ―――――63
가을을 걷다 ―――――64
낙엽 소리 ―――――66
가을 소문 ―――――67
가을밤 ―――――69

2장 일상

꿈만 캐었어요 ―――――72
사진 찍기 ―――――73
나를 보자 ―――――74
낯설지 않도록 ―――――75
바람 ―――――77
기다림 ―――――78
소주 한 잔 ―――――79
기합이 필요한 날 ―――――81
문득 ―――――82
인생 열차 ―――――83
잊은 질문 ―――――84
백색 소음 ―――――85
파랑 ―――――87
생각 많은 날 ―――――89
나와의 시간 ―――――90
친구 ―――――91

시가 좋아요 ―――――――――――――――――92
나를 위로하는 것들 ―――――――――――――94
그리움 ―――――――――――――――――――95
그냥 있기 ―――――――――――――――――96
길을 모른다 ―――――――――――――――98
친구야 ――――――――――――――――――100
프레임 ――――――――――――――――――102
기웃기웃 ――――――――――――――――103
맨발 걷기 ――――――――――――――――104
바라보기 ――――――――――――――――106
산다는 것 ――――――――――――――――107
주둔 ―――――――――――――――――――109
마음 앞에서 ――――――――――――――111
나로 살아 봅시다 ―――――――――――113
마음먹기 ――――――――――――――――115
위로 ―――――――――――――――――――117
웃어 보아요 ――――――――――――――118
흔들림만 ――――――――――――――――120
아버지의 유자차 ―――――――――――121
본질에 관해서 ――――――――――――123
할아버지의 마늘밭 ―――――――――124
새 ――――――――――――――――――――125
법정 스님의 오두막 편지를 읽다 ――126
솔직하기 ――――――――――――――――128
가족 ―――――――――――――――――――130

살아간다는 것은	132
잠 깬 새벽	133
기대고 싶은 날	134
좋아하는 시간	136
노을	137
태백산맥 길에는 사람이 산다	138
바람과 갈대	139
노란 은행나무	140
술시 친구	142
정호승의 사랑하다 죽어버려라	144
삶 1	145
삶 2	146
삶 3	147
따로 또 같이	148
행복한 시간	149
멍 때리기	151
선배의 퇴직	153
시작	155
글쓰기	156
말 줄임	157
전쟁과 벚꽃	158
해 질 녘	159
나이 들어간다는 것	160
사람들	162
하늘 아래 서면	164

힘 빼기 ――――――――――――― 165
코인노래방 ――――――――――― 166
달을 보다 ―――――――――――― 167
달 ――――――――――――――― 168
다육 식물 ―――――――――――― 169
감사 ――――――――――――――― 170
카톡 프로필 ――――――――――― 172
동강면 유둔리 저녁 9시 ――――― 174
밤이 시작되는 시간 ――――――― 176
마음이 버거워 ―――――――――― 177
맑은 날 ――――――――――――― 179
달 1 ――――――――――――――― 180
초저녁 ――――――――――――― 181
말에 질식하다 ―――――――――― 182
나무 ――――――――――――――― 183
풋사랑 ―――――――――――――― 185
숨고 싶은 늪 ―――――――――――― 187
억새 흔들리다 ――――――――――― 188
시 ――――――――――――――――― 189
돌멩이를 찼다 ―――――――――― 190
얼룩 ――――――――――――――― 191
노을을 노래하던 아이야 ―――――― 192
냉장고 엄마 ――――――――――― 194
밤을 서성이다 ―――――――――― 196
차마 못한 말 ―――――――――――― 198

민들레	200
산다는 것은	201
취중 진담	203
마음의 숙변	205
꿈	207
어머니의 텃밭	209
어머니의 부름	211
어머니의 기도	213
엄마의 인생론	214
어머니	216
엄마하고 나하고	218
엄마의 이름	219
사랑이신 거지	221
어버이날	223
세 살 엄마	224
안부	225

작가 인터뷰   229

1장

사계

새침한 바람에
당신의 옷깃과
머리카락 흔들릴 때면
봄꽃으로라도 당신 곁에
나리고픈 내 마음
펼치어 보임을 잊지 마세요.

겨울이 오려나 봅니다

겨울이 오려나 봅니다.

퇴근길 해 넘은 하늘에
달빛은 하얗게 말라 있고
흘리는 달빛은
외려 청명하게 불어오니

겨울이 오려나 봅니다.

첫눈

오랜만에 오신 님
애틋하고 아련해서

문득 나리는 날
그리움만 그려 두네.

겨울비

겨울비는
슬픈가요?

눈

기별도 없이
펄
펄
눈이
옵니다.

겨울 새벽

겨울 새벽은
더디 여겨질 뿐
들여다보면
아침을 여는
많은 사람
발걸음이
조금씩 조금씩
밝아지고 있다.

겨울 새벽은
입김 호호 불고

두 손

마주 브비며

바쁘게

바쁘거

아침을

기다린다.

꽃샘 추위

푹신했던 눈의 품도
탱글했던 고드름도
밤이 기울고 새 아침이 되면
발그레한 꽃놀이에
그만 접어 두실 터이지요.

새침한 바람에
당신의 옷깃과
머리카락 흔들릴 때면
봄꽃으로라도 당신 곁에
나리고픈 내 마음
펼치어 보임을 잊지 마세요.

동면

동면하는
동물들은
자면서
아무 생각
없을까?
나의
동면은
언제까지일까?

눈꽃

누구의 시린 마음
꽃이 되지 못해
빛나게 나리는가?

겨울밤이 새도록
숨죽이고
발자국 위 맴돌다
시린 별빛 한 줄기
달빛으로 물들이다

눈꽃 되어
쌓이고 쌓이며
피우는가?

봄의 가르침

꽃 무지개 피그서
발그레한 웃음
참지 못하는
봄이 수줍다.

산그늘 그늘자
내 깊은 곳 봄은
아직
설은 모양이다.

빈 마음이어야
끝잎도 일그
바람도 일어
수줍은 봄이 온다고.

두런두런

번잡한 마음 밭

붙잡다 놓아내는

봄의 가르침.

녹차 한 잔

녹음 아래
녹차 한 잔
찻잔 속에
녹은 한 잔
향기 속에
미소 한 잔
그대라서
다감 한 잔

봄

한 줌 햇살로
화르륵 피는
벚꽃 속에서 봄

양지바른
산기슭
발그레 피는
진달래 속에서 봄

길쭉길쭉
나뭇가지 끝
물오름 속에서 봄

여기저기
봄이라 말하는

자연 속에서
그대를 봄

영산홍

이른 봄
길가에서 만난
영산홍 한 그루

성급한 마음
숨기지 못해
화장기 없는
얼굴로

나뭇잎
꽃으로 피워
발걸음 붙잡네!

봄을 담다

집에서 밥 먹는 날
손가락 접어 셀 날 아니라
퇴근길 마트에
기웃기웃

비었던 마음 추슬러 담다가
알싸한 봄 향기 담은
어린 머위 순
눈과 손이 바쁘다.

흙 속에 반쯤 누워
누가 보겠느냐 하지만
거친 껍질 안
봄 내음 가득하다.

된장 매실
투박하게 무쳐
한 그릇
담아내고

한겨울
빼빼 마른
내 맘 한편에
봄을 가득 담는다.

봄날 단상

봄 길을
바람과 꽃비를 맞으며
자전거로 달렸습니다.

어느샌가
노오란 개나리꽃
푸르고

벚꽃
진 자리
푸르름을 채으고

배나무밭
하이얀 꽃
덩실덩실 춤추는

봄이 깊어지고 있습니다.

겨우내 잠들었던
논 가득
흙을 뒤엎어 물을 채우고

담담하게 계절을 담는
앞마을 농부의 손은
덩달아 바빠집니다.

바람 속 꽃비를 맞으며
달리는 자전거 길
푸르른 밀보리 자라듯

내 사는 이곳이

참 좋다고

마음 한 뼘 또 자랐습니다.

봄 까치 꽃

어릴 적
대문을 나서면
한 길 아래
논두렁 아래
봄 까치 꽃 한 움큼
아주 작게 피어 있어

나
장미 아니어도 좋아
너인 채 당당히
피고 진다면

세상몰랐을 어린 나

왜

네가
좋았나

늦봄

봄꽃이
뜰 앞 산자락을 적시니
마음은
봄이 오려나 보다 했다.

아장거리는
아이 손 붙잡고
한 걸음 걷다
봄 가운데 서 있구나 했다.

바람이 가고
빗물이 나리고
꽃자리 초록 붉게 메울 때
못 이룬 첫사랑처럼
아쉬워 아쉬워했다.

동백꽃

동백꽃
피다 진다.

비 향 가득 물고서
툭 특
몸뚱어리 끝
둥치 아래서
비를 맞고
피다 진다.

동백꽃
붉게 무심하게
시선을 흩튼다.

봄이 오는 소리

봄이 오는 소리

귀로 듣나요
눈으로 듣나요

돌 돌 개울물 소리
귀로 듣고요

무지갯빛 세상 소리
눈으로 듣고요

말랑말랑 히죽히죽
설레는 소리

꾹꾹 숨겨 둔
마음으로 듣지요

봄을 걸어라

봄빛을 사모하는 사람들
봄을 걸어라.

꼬옥꼭 잠가 둔
빗장을 풀고서

골목길 따라
강변길 따라
초록 물빛 따라서

봄빛을 가득 품고
봄을 걸어라.

경칩

경칩도 지났는데
하늘은 야속하게
천둥소리 주지 않네.

봄꽃

매화 살폿 살폿

산수유 통통통

개나리 토독 톡톡

목련 쏘옥 툭

동백 투두둑 투두둑

벚꽃 화르륵

박태기 총총총

민들레 질끈

봄 투정

봄을 보낼 수 없다.
단단한 껍질 뭉친 흙 뚫고
태연하고 조용하게 곁에 선
봄을 보낼 수 없다.

투명한 하늘
살짝 시린 바람 가득한
환한 봄을
그저 보낼 수 없다.

봄바람

골목길 따라 바람이 분다.

카페를 지키는 텅 빈 의자
울고 웃던 기억을 추리고

꽃 등 치장한 봄의 전령
봄빛 녹여 맘을 데우려

골목길 따라 봄바람 온다.

우전

봄비 나린
다음 날

첫봄에 날아온
차 한 잔

입술에 담아
가득히
코끝에 올려
그윽이

여리고 여려
날릴라

봄비를 닮은
향 한 잔

봄비

가슴 한 줄기
가슴 두 줄기
두드린다.

차가운 겨울
세찬 물줄기
가슴으로 받고

오지 않는 의식 속
누운 아버지를 기다리는
가족의 봄

윤동주 시인의
쉬이 오지 않는 봄
기약 없는 마음의 봄

봄비 그치고

노랑 개나리꽃 달고

환한 벚꽃 웃음 달고

생명 가득 담아

힘주어 불쑥

차오르는 봄처럼 오시라고

두드린다.

- 2016년 3월 4일, 백남기 농민의 쾌유를 기원하던 봄날

도라지 꽃

그리움에 돌아앉아
그대로 멈춘 도라지꽃

햇살 우표 빌려다가
꽃향기 실어 보낸다

더위 지나 서늘한 자리
그리움은 숨겨 두고

아침저녁 노을 위
향기로 멈춘 도라지꽃

우수

오늘은
우수랍니다.

얼었던 강물이 녹고
파릇한 새싹이 올라온다고
밤새 빗소리
창문 밖 타닥타닥
밤잠을 뒤채이더니
빗소리 굵어져만 갑니다.

북쪽 나라 서울은
대설 특보라는데
나 사는 이곳은
우수랍니다.

장마

비가
정말
많이
옵니다.

가뭄 끝

비가 온다고 했는데
비가 왔다

그리운 친구 만난 것처럼
좋겠다

댕글거리는 물방울
손에 잡고서

들녘도 산허리도
좋아한다

유혹

푸르고
푸르러서
풀피리 소리

산과 들
개을 넘어
노래하는

초록
만발한
유월입니다.

7월

6월 지나
7월은
새파랗게
차오르는
세상 만물
짙어지는

인생입니다.

거미

비 오는
습한 날
대롱대롱
거미가
창틀
여기저기
그림을
그린다.

비

11월 말일에
내리는 비가
타다닥
타다닥

껍질만 남은
콩대가
아궁이 불 속에서
타닥이듯이

중도 방죽 길 아래
마른 갈대가
지나는 바람에
타닥이듯이

밀가루 계란물
쪽파랑 녹두가
달군 팬 위에서
타닥이듯이

바쁜
내 걸음
붙잡고
타닥이고 있네.

가을밤 1

누구는 찌르르
누구는 귀뜨르르

흰
달은
저 먼 손끝에 휘영청

섧지도 말고
넘치지도 말고
적당하고 넉넉하게

가을밤 2

가을이라는
허물을 쓰고
불쑥 찾아온
사랑이라는 기억과
설렘이라는 들뜸이

투욱
떨어진다.

가을 소리 1

가만히
있으면
들리는 소리

치르 찌르
치르르
수다 삼매경

토옥
톡
토로록 하수구 소리

빗물 타고
달리는
자동차 소리

가을이
온다고
들리는 소리

가을 소리 2

커엉 컹
누렁이
달 찾는 소리

별빛
하얗게
속삭이는 소리

풀벌레
갈갈 갈
노랫말 소리

가을밤
속닥닥
들뜨는 소리

가을 소리 3

가을이 왔다고
찌찌컹 찌치릉
이름 모를 풀들레

밝은 밤 까만 밤
별빛 따라 보자고
찌르르르르

가을을 걷다

가을 위에
발걸음
얹고서
한 박자
느리게 걷는다.

애기 단풍
엄마 손
붙잡고
바람 타고
그네 뛰고

벚나무
붉은 단풍
봄꽃처럼 투욱 툭

바람 타고
날아가고

가을 위로
시를 짧고
사그락
사그락 걷는다.

낙엽 소리

낙엽이
구르는 소리
들으셨나요?

데그르르 륵

가을 소문

사과는
익고 있는데
꽃은
피울 철을 잊고

석류 껍질
터져 오기 전
힘껏
움켜쥐고 있고

밤송이
톡 톡 톡
갈라질 길
내어 두고 있고

담장 밖
능소화는
상사화
오려나 보고

아침저녁
풀벌레
우렁찬 소리

추워지는
가을을
부르고 있고

성큼성큼
가을이 오려고
소문내고 있고

가을밤

텅 빈 운동장에
곤충 소리만 가득해서
내 마음 채운다

말갛게 빛나는 눈으로
주시하는 가로등이 이뻐지고
까맣게 내려앉은
어둠은 투명해지고

투명해지기에는
탁한 몸뚱이 위로
별은 나를 보고
왜 그리 웃는지

누구와도

나누어 갖지 않고
나로만 채워지는
캄캄한 밤

2장

일상

꽃처럼 살고 싶다.
바람보다 먼저 흔들리고
미련 두지 않고 흩날리는
가득한 꽃이 되고 싶다.

꿈만 캐었어요

풀숲
이리저리
나물을
캐다가
작은
풀꽃 속에
꿈만
캐었어요.

사진 찍기

그대로 멈춰라!
주문을 외운다.
소당을 가득 담아
웃음을 톡톡 뿌려
행복의 기름으로
조물조물 버무려
이 순간
이 향기
놓칠세라
하나~ 둘~ 셋!
찰칵!

나를 보자

거울을 보듯
나를 보자

핑계만 찾아
너를 보지 말고

번개 치듯
나를 보자

낯설지 않도록

내미는 두 손

지친 어깨

기대어 오는 마음

흔들리는 눈동자

낯설지 않도록

손잡아요.

두 팔 가득 보듬어요.

마음 깊이 나누어요.

눈 맞춤 해요.

바람

꽃처럼 살고 싶다.
웃음 잊고 돌아서도
웃음 가득한 얼굴로 기다리는
꽃송이 하나 되면 싶다.

꽃처럼 살고 싶다.
바람보다 먼저 흔들리고
미련 두지 않고 흩날리는
가득한 꽃이 되고 싶다.

기다림

툇마루 걸터앉아
토닥토닥 톡 톡
내리는 빗방울
눈으로 따라간다.

빗물이 강물 되어
제 갈 길 찾는 동안
배우지도 못한 음표
토닥토닥 톡 톡.

일 나간 엄마
언제 오실까 토닥토닥
마루기둥 기대어
조을음에 타악 타악.

소주 한 잔

투명한
유리잔 속
맬갛맬강
파벌 없는
소즈 한 잔

웃지요
들지요
아린 맛
쓰린 맛
웃다가
울다가

풀어헤친
다음

한 자락

위로가

필요한 날

기합이 필요한 날

웃음 한 번

크게 웃자

하! 하! 하!

문득

비 내리는 아침
길을 가다가

문득

사랑하는 것들과
지금
헤어져야
한다면

어떤 선택을
할 것인가?

인생 열차

언젠가는
멈추어 설
종착역에

덜그럭거리다
웃음에 젖다가
졸기도 하며
시간 속에 머물다가

덜컹거리며
흔들리고 있다가
내리실 곳은
삶의 끝자락

잊은 질문

한동안

잊은 질문

나는

누구인가?

백색 소음

챠르륵
빗물에 굴리는
자동차 바퀴 소리

또옥 똑
승강장 난간 타고
떨어지는 빗물 소리

먼 곳에서 들리는
아이들
웃음소리

지나가는
자동차
클랙슨 소리

사람을 기다리는
마을버스
그릉그릉 엔진소리

마음과 귀를 열면
소란하지 않은
편안한 소리

파랑

파~랑 하고 말하면
내 속까지
시원해지는
말소리 파랑

물감으로
그리지 못할
하늘빛
파랑

쨍하고
파장을 일으킬
심연의 물빛
파랑

경계를 넘고
갇힌 마음 넘어
너울너울 춤추는
자유의 파랑

생각 많은 날

머릿속은 영화 속 이야기
접었다 폈다
어드웠다 밝았다
사춘기 아이처럼
들쭉날쭉 두런두런
이야기 걸어 온다.

마음은 머리를 만져 주며
평온해지고
괜찮다고
스스로 조이지 말라며
토닥여 위르를 건넨다.

나와의 시간

아무도 없는 기차역에서
혼자만의 시간을
갖는다.

세상의 이런저런 소음이지만
차가운 공기 속에
가만히 귀 기울이면

차분해지고
투명해지는
마음의 시간이다.

친구

보고 싶다 하면
보자꾸나 하고
떠나고 싶다 하면
그러자 하고
푸념 담은 이야기도
푸 하하 웃어 주고
한 살 두 살
부려 두는 나이 위로
마음까지 채워 주는
고마운 친구

시가 좋아요

시가 좋아요.

외우려 해도 외울 수 없는

시란 녀석이

내 맘을 어루만지고

간질이다

몽글몽글 웃음 나게 하다가

소란한 어느 날

마음 밭을 파란 풀밭으로

푸르르게 해서

그냥 시가 좋아요.

나를 위로하는 것들

따듯한 노랫말

자연 담은 사진 한 장

토닥토닥 손짓

쓰담쓰담 위로

소주 한 잔

영화 보기

전화를 걸어 받아 주는 친구

가만히 멈추어 있을 때

좋은 사람과 이야기 나눌 때

혼자 걸을 때

들꽃에 반할 때

함께 웃을 사람 있을 때

엄마를 부를 때

기타 등등

기타 등등

그리움

아이는

항상

엄마가 그립고

아이의 엄마도

항상

엄마가 그립다.

아이가

어른이 되어도

엄마가 그립다.

그냥 있기

지금은

쉴

타이밍

덩그러니

몸과 맘을

내려 두고

그냥 있기

머릿속도

하얗게

그냥 있기

길을 모른다

한 걸음 걸을 때 길을 모른다.
발부리만 들여다보일 뿐
걸음 속에 어떤 길 들어 있는지
한 걸음 걸을 때 길을 모른다.

모퉁이 돌아서
한 길 가로수 지나서
저만큼 걷다 뒤돌아서서
아득히 바라다보면

어떤 마음으로
이 걸음 걸었는지
그제야 길이 보인다.
그제야 그 맘 보인다.

고개를 들어
새로이 길을 나설 때
한 걸음 다시 시작될 때
다시 길을 모른다.

친구야

어릴 적
마음 눌러 손 편지
가는 길 이삼 일

지금은
좋구나
휴대전화 문자 편지.

친구야!
겨울 겨울 고드름
아직 겨울이구나

두껍게 무장한 겨울날
눈이 나린다고
겨울을 보낸다.

마음 한 자락
보내는
겨울 선물이구나.

프레임

텅 비어 있어야

허공이 보여야

하늘과 가까워야

배경이 되어야

여러 사람이 감탄해야

주인공이 나여야

입소문이 나야

소문날 프레임

기웃기웃

한낮의

놀이가

아쉬워

하얀 구름은

별님

뒤에서

기웃기웃

맨발 걷기

아이들 웃음소리 비워 내고
귀뚜라미 소리 채운 운동장
맨발바닥 초보 되어
살금살금 걷는다.

마른날 하루
발바닥이 무서워
잔디밭 가장자리
살짝이 살짝이
미안함 반 고마움 반
조심조심 걷는다.

비 온 뒤 하루
용기 조금 얻어서
거친 어린 모래

슬금이 슬금이
젖은 땅 의지해
사락사락 걷는다.

귀 기울임 있었던가?
발바닥 소리를
맨칼바닥 초보 되어
가만히 가만히
너에게 집중하며
구 기울여 걷는다.

바라보기

바라보기 없는
마음은 온전하지 않아

두 눈은 뜨겁게
고개를 끄덕이며
그래! 그렇구나!
온몸 가득 긍정할 때

낯설던 너와
낯설던 내가
서로를 붙잡고
마주 보며 바라볼 때

마음이 물들고
너와 내가 물든다.

산다는 것

마을 어귀 담벼락
어린 담쟁이덩굴
무성한 내일의 푸른 잎
상상하며 이다리 키우는가?

사두실 뜨락
붉고 고운 영산홍
지금이 붉게 타오를 때
알고서 불타올랐는가?

오늘을 뜨겁게 키울 뿐
오늘을 붉게 물들일 뿐
살아 있다고
피고 있다고

상념은 접어 둔 채
자신을 지키고 서 있을 뿐
지나가는 발걸음
문득 멈추게 하려 했는가?

주문

남편이 들여논
한 뼘 텃밭에
조롱 쿤무기로
남편 마음 대신하다가

엄마도 날 키울 때
잘 자라라 잘 자라라
주문을 외우고
기도했을 터이지.

어느 날부터
농부의 맘
한 뼘 두 뼘 들이는 남편 곁에
내 맘은 곁눈질 맴돌다가

오늘은 너 돌보는 손 비었으니
나라도 좋은지 되뇌다가
잘 자라라 잘 자라라
주문을 외워 본다.

마음 앞에서

오늘 내 앞에
그 사람이
참 고맙습니다.

나의 허물 아래 두고
당신 부족함이
허물이라며 잘하겠다던

그 사람
마음이
내 마음 같습니다.

나 역시 부족할 뿐이라
잘한다는 것 무엇인지 모르고
다음만 앞세울 때 많은데

나의 마음까지 헤아리는
그 마음이
고맙고 걸립니다.

너무 애쓰지 말자며
눈을 들어
옆 사람도 가끔 바라보자며

눈 맞춤 하자고
삶이 더 깊어지도록
마음 열어 두자고

수줍게 마음 열어 준
그 사람과 나의 맘 앞에서
이야기합니다.

참 고맙습니다.

나로 살아 봅시다

나는 무엇일까?
나의 너울을 쓴 나일 것이요.
나의 너울 속에
수많은 군상의 나!

모양새 그대로 나를
의심하지 말고
포장하지 말고
나로 살아 봅시다!
받아들여 봅시다!

나는 나로 살기로 했다는
어느 작가의 이야기처럼
나를 사랑하고
소중하게 생각하며

나로 살아가도 좋은
나로 살아 봅시다.

마음먹기

가을과 겨울을 사이에 두고
아이와 함께 길을 나섰다.

늘 보던 하늘도
산과 들 나무 물빛 내음까지

곁가지 접어 두고
말갛게 바라보다가

세상 이치
찰나!

가져온 마음 따라 세상만사
고운 빛 그림이 되누나.

무심히 나아가 보아야 하리라!

주저하며 보내 버릴 시간 무수하리니
시작과 끝도 없는 바람처럼

그저 발걸음 내딛고 보자
마음먹은 어느 날.

위로

여러 사람 모여
술잔 기울이다 보니
즐겁다고 합니다.

인생사
쓰린 소주 맛 같은 날
있기도 하겠지만

옆자리 도란도란
나란히 앉아
술잔 기울이는 당신만으로

쓴맛 단맛
섞이고 섞여
위로되는 자리랍니다.

웃어 보아요

무작정 크게
웃어 보아요.

하! 하! 하!
허! 허! 허!
크! 크! 크!

웃는 날
없는 날
무수한 날

돌이켜
보려고

하! 하! 하!

호! 호! 호!
허! 허! 허!

흔들림만

한 살 또 한 살
담백해지리라
되뇌다가도

실바람
가랑비
스치어 가면

담백함은
없고
흔들림만

아버지의 유자차

하루를 보내고
휴식의 시간
아버지의 유자차 한 수저
뜨거운 향을 가신다.

한입 가득 입에 담아
여물게 씹고 보니
쉼 없이 바빴을 아버지 정성
혈관 타고 흐른다.

어느 신화에 나오는
황금 사과는
아버지의 유자였을까?
진한 향내로 노랗게 물들인다.

온몸 다 내어준 아버지처럼
버릴 것 하나 없는 유자차
지친 몸과 맘을 풀어 주며
고단한 하루를 덥힌다.

본질에 관해서

손바닥을 뒤집으면

손등이 보이고

손등을 뒤집으면

손바닥이다.

할아버지의 마늘밭

마늘밭을 지키던
할멈은
병상을 지키고
할멈을 지키려
마늘밭은 못 지켰네.

새

습한 새벽
몇 마리 새
울음을 운다.

큰 새
작은 새
이름 모를 새

자기만의
이유와 노래로
울음을 운다.

법정 스님의 오두막 편지를 읽다

이른 아침
제게 보내온
편지처럼
스님의 편지를 읽습니다.

스님의 편지는
그림 같아서
바람 소리마저
생생합니다.

번잡한 일상
생각과 여유는
멀리서 보듯
흐릿한데

모처럼 스님의
도란도란 일상이
따사롭게 빛납니다.

솔직하기

솔직함에는
용기가
용기 속에는
용기의 대가가
때로는
무겁게
때로는
가볍게
모르는 체
외면하지 말고
마음 바라보고
드러내기
오해는
잘못된 해석
투명해지기 전

아픔도 있겠지만

뒤틀리지

않도록

솔직하기

마음을 쭉 펴기

가족

가족은
다른
생이
마주해
새로운
삶으로

함께하지만
다른
삶으로

각자의
색을
잃지 않고
어울림으로

새사람을

만나듯

새로움으로

살아간다는 것은

살아간다는 것은

여러 수를 놓다

한 올

두 올

세 올

술술

풀어내기도

잠 깬 새벽

한 새벽
홀연히 깼더니
마을 앞 십자가는
저 혼자 빛나고
애써
잠들지 않느냐고
후두 둑
후두 둑
장맛비는
말을 건넨다.

기대고 싶은 날

곁에
사람 하나
두고 싶을 때
손을 내밀자.

이기적인
세상사
누구나
한 줌
기대고픈 날 있으니
두려워 말고
그대의
두 손
눈빛
필요하다며

내가 먼저
네가 먼저
의식 없이
손을 내밀자.

좋아하는 시간

와다다다

떨어지는 빗속에서

배철수의 음악캠프

크게 틀고

어깨를 들썩

머리를 흔들

자유로운 드라이브

노을

아름답다

하늘 위에

흩뿌려진

꽃물 자취

태백산맥 길에는 사람이 산다

손톱달은 별을 잡고
전봇대 꼭대기에서
새벽을 기다리고

갯벌을 달리는 짱뚱어
흰머리 갈대밭으로
숨어들 때

하루를 걷는
태백산맥 사람들
감잣국에 젖어

꾸르륵 똘똘
구만 리 이야기
불빛 따라 흐른다.

바람과 갈대

갈대밭 사이로
바람은 부딪히고
바람에 갈대밭
흔들리는데

사그락사그락
휘이 휘이
부딪히고 흔들려도
제 길을 간다.

노란 은행나무

길 따라 걷다가

은행 꽃 한가득
발길을 붙잡길래
노오란 꽃 이파리
파아란 하늘에
살며시 담가 본다.

천년을 살아가며
어제도 오늘도
꽃 피우다 꽃 지우다
어제의 누군가
오늘의 나인가
발길을 붙잡고

꽃 이파리 적시란다.

길 따라 걷다가

술시 친구

술시에 만나면

반가워서 한 잔
고마워서 한 잔
서운하다 한 잔
미안하다 한 잔

술시에 만나면
한 잔 한 잔
마주하며
허물을 벗는다

술시에 만나면
친구하자 한 잔
영원하자 한 잔

잊지 달자 한 잔

술시를 잊어도
밝은 날에
마주하며
배시시 웃는다.

정호승의 사랑하다 죽어버려라

먼지 앉은 책들 사이

눈길 주는 아이 하나

사랑으로 뒤채기는 밤

기침처럼 쿨럭대는 무수한 날

누군가의 눈빛에선

돌아서고 일어서라는 질책

뒤집으면 사랑이 되기도 하는

사랑하다가 죽어버려라.

삶 1

삶은
흐른다
고인 듯한
날이 있어도
하루도 쉼 없이
그날만의 이야기
들고나는 파도처럼
그리다 지우다 그리다
화석으로 남아 읽히운다.

삶 2

사알짝 비 온 뒤
사알짝 눈 온 뒤
바람 세게 불고
바람 차게 울고
살얼음이 언다.

조심조심 그 길 걷다
조심조심 그 길 걷다
센 바람 찬바람
조심해야 할 걸음
살 걸음을 안다.

삶 3

나 혼자 이루는
삶이 있겠는가?
걸어가는 길 가운데
바람으로 새 소리로
발부리 걸리는 풀포기라도
상관없는 것은
하나 없지 않겠는가?
진 눈이 빗물 되어
바람으로 마른 땅 되고
얽히고설키다
풀어헤치고 가는
같이 이루는 삶이
참 삶이지 않겠는가?

따로 또 같이

세모와 네모
동그라미와 동그라미
같지 않아도
괜찮다.
맞지 않아도
괜찮다.
살포시 위로
나란히 옆으로
있는 그대로
괜찮다.
이쁘다.

행복한 시간

천상병 시인은
아내가 찻집을 하고
막걸리 한 잔에 행복하셨다는데
걷다가
무엇으로 행복한가?
내게 묻는다.

붉게 마주친 노을 하나
풀벌레 소리 둘
그리운 엄마 목소리를 더하고
돌아와 쉴 집에서
언니가 준 볶은 옥수수를 끓여
사람 사는 냄새를 들이고
형님이 보내온 붉은 수박 몇 조각에
베르나트 베르베르의 '문명'을 기다리며

'고양이' 1권과 2권을 펼쳐 든 이 시간

행복하다 답하니

행복을 넘어 사치스러운 시간

멍 때리기

베란다 창틀에 웅크리고 앉아
멍 때리기 한다.

11월의 햇빛은
봄처럼 아른거려
작은 화분어
보드랍고 따뜻한
귀옛말을 한다.

바라보고서야
만져 보고서야
사소한 것들 속에
사소하지 않음이 있음을

웅크리고 앉은 창틀에서

싸한 내 속에 갈빛을 들이고
멍 때리기 한다.

선배의 퇴직

새날이 시작된
깊은 저녁에
할 일을 마친
선배를 보내고
미처 마치지 못한
내일을 준비한다.

나의 오늘이
선배의 오늘일 때
아쉬움이 없을까?
후회는 없을까?

저녁은 저물고
밝아오는 새벽에
할 일을 마친

선배의 아침 속에서
미처 마치지 못한
선배의 꿈을 정리한다.

시작

첫발을
걷는다는 것은
설렘 반
두려움 반
온전한
발자국에는
연습과
시행착오
긍정과
받아들임뿐
첫발을
걷는다는 것은

글쓰기

글은 발가벗은 몸뚱어리
가면 속 화장기 지워 낸
참 얼굴 바라보기

말 줄임

맥락 없는 말이 많아진다.

줄임말이 대세인 지금

말 줄임이 필요한 나.

전쟁과 벚꽃

벚꽃 한 톨 두 톨
유채꽃 한 잎 두 잎
타지의 총소리는
후두둑

"요지경이어도
죽을 것이냐.
산 사람은 살아야제."

노모의 아픈 허리처럼
이러지도 저러지도

손끝 발끝 눈 끝
꽃잎 따라
펄럭펄럭

해 질 녘

저녁을 부르는
어스름한 그림자
소란했던 해를
검은 펄 속으로 끌어 앉히고

한 줌 일렁임은
갈대 아래
침묵으로
붙잡히고

쌍으로 나는
새 두 마리
바쁜 걸음으로
휘적휘적

나이 들어간다는 것

조금씩
나이 들어간다는 것이
조금씩
좋아진다.

시선 속에
내 얼굴도 잊고 살고
잃고 살고 시들했다.

나이 들어
좋아지는 것은
시선에 무디어지고
내가 받아들여진다는 것.

조금씩

좋아지는 것은
그럴 수도 있겠지
먼 산을 바라보듯
한 발자국
멀리서 바라보는 것.

사람들

공원에 앉아
걷는 사람들
발걸음 소리
귀 기울여 본다.

이런저런
사연으로
재촉이다가
늦춰 가다가

한 걸음 안에
앞을 보다가
두세 걸음 안에
뒤를 보다가

멈추지 않고

홀로 서서

뚜벅 뚜벅

꼿꼿이 나간다.

하늘 아래 서면

파래지고 싶다.
파란 하늘 아래 서면
꿈틀꿈틀 타오르고 싶다.
붉은 노을 아래 서면

힘 빼기

나를 보호하는

기본적인 방법

몸에 힘을 뺀다.

운동과 삶에서.

코인노래방

겉껍질 속

껍질 채운

양파처럼

각양각색

탈 얼굴은

버리고서

호호낙낙

탈춤 추며

까르르륵

너 나 없이

노래 속에

웃음 난 날

달을 보다

달이 밝습니다.
아무런 상념 없이
구름을 누르고
후영청 밝습니다.
옥토끼도 선녀도
본 적은 없지만
달 아래 걷다 보니
만날 듯한 그리움
달이 밝습니다.
삭막한 아스팔트
콘크리트 지붕 위로
휘영청 밝습니다.

달

달 얼굴에
손을 뻗고서
가만히 쓰다듬어 본다.

달 얼굴이
수그린 채
오똑하게 들여다본다.

손가락 마디 안에
차오른 달이
두 눈을 끌어안는다.

달맞이 꽃
달 얼굴이
온 밤을 적신다.

다육 식물

두수한 밤을 지나서
낙엽이려니
말라 버린 잎새려니

겨울 빛 찬란한
베란다 한쪽

마른 몸뚱어리
비틀고 쥐어짜

지독하다거나
끈질기다거나

스스로 거듭 되어
또 하나의 생 지키려니

감사

아침상을 차리려
마트에서 사다 둔
시금치를 꺼내 봅니다.

한겨울을 살아
뿌리는 두툼해지고
이파리는 무성해지고

생은
척박하고 위협적일수록
치열하게 차오르는데

겨울 새벽은
냉정하게
차갑기만 합니다.

시금치의 생을 담금질해서

굶주림도 없는 배를 채우려

그의 생을 먹고 오늘을 시작합니다.

카톡 프로필

프로필 사진을 보다
가을에 멈춰선 나를 본다.
붉게 들뜬 가을을 담으려
선물처럼 가득했던 가을 공원에서
뭉친 낙엽 위를 걷다
구르몽을 기억하고
데그르륵 혼자 웃던
가을이 고스란히 남았다.
가을도 가고
겨울도 지나
우수도 지났는데
나는 가을에 멈추어 섰다.
언 땅을 깨고 나오는
새싹들과 나무우듬지
새초롬 애기 솜털 새순을 보다가

손없이 먼저 올라온 매화 이파리처럼
가을에 선 채로 내 안의 욕구만 선걸음한다.
제대로 된 이파리 되려면
다 버린 겨울 나목이 되어야 하듯
봄이 오기 전 거추장스러운
나울부터 버려 보자.
봄을 맞이해 보자.

동강면 유둔리 저녁 9시

이름 모를 어느 시 저녁 9시
알전구 반짝이고
쿵쿵쿵 노랫소리에
갈댓잎 흔들리듯
몸도 맘도 흔들리는 사람들

동강면 유둔리 저녁 9시
세상의 모든 소란함
긴 호흡 명상으로
숨죽여 잠재우고
새침한 초승달에 미소 짓는 사람들

저녁 9시 지나는 시계 소리 탁탁
내 발걸음 소리 또각또각
세상은 배경이 되고

내가 주인공이 되는
동강면 유둔리 저녁 9시

밤이 시작되는 시간

무명의 새도
귀가를 재촉하며
하루를 쏙싹거린다
오늘이
어떠했을지라도
같은 풍경화는 없을 테니
잠시
어두운 밤을 만나더라도
다시
밝은 빛이 떠오를 테니
오늘은 보내 주고
잠시 멈추라는 무명의 새

마음이 버거워

너무 이르지도
않은 아침이
잠시 이대로만
멈춘 시간 속
창문 너머어는
멈춘 도시가
하얀 이슬 덮고
차갑게 섰다
채워 둔 마음이
조금은 버거워
큰 숨을 내쉬며
푸우 푸우
오늘은 세상의
번잡함 아닌
작은 새소리로

작은 멜로디로

먼저 채우려도

차오르는 상념

닮은 날

흐린 날 며칠 지나
맑은 날이 반갑다
마을 길 골목 따라
마음먹고 걷는다.

산길 속 옹달샘이
무척이나 반갑듯이
새로운 길 만나 보니
바람 소리 청량하다.

바람길 나무들은
소란 소란 속삭이고
발아래 자갈들도
정겨웁게 웃는다.

달 1

반할 때가 있어요.
고요한 적막에
빛나는 그대 보노라면
아하
탄식 소리 머금고
마음은 홀리어
바라만 보고 설레지요.

초저녁

꽃잎 잃은 금계국

까맣게 멍들고

오요요 강아지풀

살랑이며 흔들고

노란 갈대 늦은 봄비로

초록에 물들고

텅 빈 하늘 그리움

빠알갛게 잠들고

갈대 아래 무리 새

서두르며 집에 들고

말에 질식하다

쏟아 버린 말의 사체에서
대충 쌓아 둔 폐허 속
건질 것 없는 쓰레기장 폐품
구린내만 난다.

나무

나무는 종종 나를
멈춰 세운다
차를 타고 가다가도
고개를 돌려 바라보게 한다

나무는 종종 나를
끌어당긴다
토닥이고 쓰다듬고
사랑한다고 말을 건넨다

오솔길에서 숲길에서도
울퉁불퉁 옹이가 진 몸으로
매끈하게 휘청한 몸으로
나를 부를 때면

반가운 친구를 만난 듯
손부터 내민다
나무는 고개 들어 하늘을 보고
둥치를 내어주며 수줍게 웃는다

# 풋사랑

등나무 그늘 아래
달빛으로 등 밝히고
소곤소곤 속삭여도
숨길 수가 없었네.

칠흑 어둠 안에서
별빛들인 눈동자
반짝반짝 빛나는 건
감출 수가 없었네.

등나무 넝쿨처럼
배배 꼬인 웃음이
도라지꽃 터지듯
어쩔 수가 없었네.

달이 기울고
별이 떨어져도
발걸음은 하염없이
맴돌기만 하였네.

숨고 싶은 날

날씨 탓인가?

바람 탓인가?

누구 탓인가?

탓이라 말하고

그 뒤에

숨고 싶은 날

억새 흔들리다

가을이라

푸른 하늘빛

쨍하라고

흔들리는 것만은 아니어요.

시

깊어질 줄 몰랐어요.
좋아질 줄 몰랐어요.
보고파질 줄 몰랐어요.
파란 하늘에
고추잠자리 날갯짓처럼
파르락 파르락
허공 위 구름 아래
종달새 춤 추듯이
오르락내리락
웃음 날 줄 몰랐어요.
눈물 날 줄 몰랐어요.
미소질 줄 몰랐어요.
가다가도 뒤돌아보고
맴돌다가 되돌아가고
맘 설렐 줄 몰랐어요.

돌멩이를 찼다

길 가다 만난
돌멩이
발부리로 툭!

뒤돌아보니
덤불 속
물끄러미 날!

되돌아가서
돌멩이
양지 뜰에 툭!

얼룩

빨래를 하다
발견한 얼룩
어디서 왔나?

비벼도 보고
헹궈도 보고
방망이 쳐도

좀처럼
좀처럼
빠지질 않네

노을을 노래하던 아이야

지는 노을을
바라보며
아름답다 노래하던
아이야

붉게 물들던
하늘보다
아름다운 네 입술이
어여뻤다.

새벽 모서리
어둠속에
서성이는 별과 달은
아이야

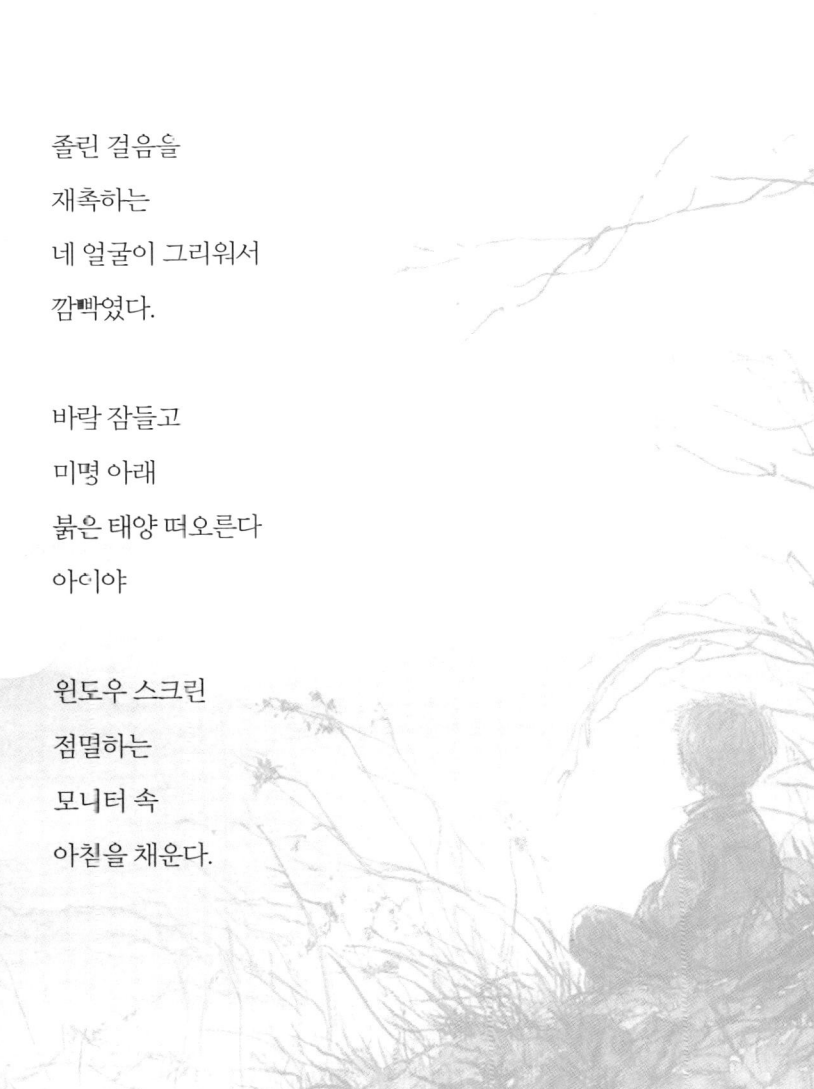

졸린 걸음을
재촉하는
네 얼굴이 그리워서
깜박였다.

바람 잠들고
미명 아래
붉은 태양 떠오른다
아이야

윈도우 스크린
점멸하는
모니터 속
아침을 채운다.

냉장고 엄마

안 된다 안 된다
하지 마라 하지 마라
조심해라 조심해라
얌전해라 얌전해라

마라의 매운맛이
무거워
아이는 두 주먹을 불끈
냉장고 엄마야!

신선 과일, 맛있는 김치,
야채 송송, 계란 탁!
차가운 냉장고
보증기간 다됐다.

따뜻한 햇볕에
냉장고 세워 두고
따뜻해져라 따뜻해져라
온장고가 되어 볼까?

냉장고 문 벌컥 열고
배고파 배고파
냉기 없는 냉장고에
냉장고 엄마야!

밤을 서성이다

우산 깃을 타고 타닥이는 빗소리를 듣고 검은 밤을 서성입니다.
비가 오는 날 하루 이틀도 아니지만 무엇에 홀렸는지 모를 이유로
오늘을 서성입니다.

골목길과 골목길을 따라 찰박거리는 발아래 빗소리를 따라 걷습니다.
가로등 아래 하얗게 방울져 흐르는 비의 눈물을 응시합니다.
돌연 웃습니다.

나무는 물기를 가득 머금어 짙어집니다.
무심한 날들 사이로 싹이 나고 꽃이 피고 잎이 되려 합니다.
나무라면 하고 꿈을 꿉니다.

마음은 접지도 못하게 비는 내립니다.
져기 저 먼 어딘가를 서성입니다.
매화는 피고 바람에 날리고 흐트러집니다.

이유가 있습니다.
이유가 없습니다.

차마 못한 말

마음속에
매미 한 마리
무성한 말 사이에서
속으로 운다.

번데기는
두고 왔는데
고막을 차마 못 울리고
속으로 운다.

속엣말은
마음 깊은 곳
텅 빈 뱃속을 두드리며
웅크리며 운다.

쫓다 지친
차마 못 한 말
가슴을 열어 큰 호흡 담아
큰 소리로 운다.

민들레

골목길을 걷다
만난 민들레
담벼락 사이
깨진 아스팔트 위
악착같이 피었다.

산다는 것은

산다는 것은
오늘을 사는 것이다.
어제의 흔적은
그림자로 숨어
걸음 속에서
일렁대고
울컥이고

산다는 것은
오늘을 웃는 것이다.
아침에 눈을 부비고
이불을 들쳐
맨발로 서서
깊은 숨을
토해 내고

산다는 것은
냉장고를
뒤적이고
쌀 그릇을
휘적이며
따순 밥에
하루를
차리는 것이다.

취중 진담

하려고 했던 것은 아니다.
의지와 무관하게 투욱.
익을 대로 익은 감
홍시 되어 떨어지듯
둔탁하게 떨궈진다.

이해한다고 말하고 싶었다.
어떤 주제 어떤 의도
얄팍하게 씌워진 포장을
닿지 않게 씌우는 작업까지
이해한다고 말하고 싶다는 것을.

뭉그러진 감처럼 뭉쳐 있고
앞뒤 돌아보지 않고 휩쓸려
형체 모를 찰흙처럼

모르는 탈이 되어도

알겠거니
의도는 그랬겠거니
그런 이유 있겠거니
뒤틀린 머리 그럴듯하게 주억거려 본다.

술이란 그런 것이다.
어느 날 의도하지 않은 여행을 떠난 듯
황망하게, 뜻하지 않게, 꾸깃하게 접힌 한 자락
기어이 놓지 않는다는 것을.

가음의 숙변

뙤약볕에 녹은 햇빛이
물이 되어 빛나고 있다
일렁인다고 해야 할까?

지치고 지친 바람이
흐윽 큰 숨을 뱉은 섭씨 35°C
시원하다고 해야 할까?

저녁 꽉 막힌 목메임이
흙빛 물길 따라 꾸덕하게 늘어진다
아름답다그 해야 할까?

빛나거나
일렁이거나
시원하거나 늘어지거나 아름답다거나

다리를 들고 오줌을 싸는 개처럼
갈겨 둔 내 마음의 숙변이
그럴듯하게 토해 둔 찌꺼기일 뿐이다.

꿈

빗소리에 잠이 깼다.

그제도 세 시간 잤다.

이러면 안 된다 하면서 어제는 11시에 잠을 청했다.

4시에 잠이 깼다.

잠들기 전 하늘이 사람을 키우려 조롱이에 물을 담아

화분을 공략하고 물을 뿌리듯 물을 쏟아붓는다.

잠이 들었다.

사람도 비를 먹고

풀처럼 나무처럼 들판의 곡식처럼

의미 있게 자랄 수 있다면 하고 생각한다.

새벽 또 한 차례 쏟아지는 빗소리를 듣다가.

불 꺼진 거실에 귀를 쫑긋 세우고 가스가 빠져나가는 연통

어딘가에서 또록 또록 떨어지는 빗소리를 따라

몽유병 걸린 여자가 되어 홀린 듯 나선다.

한참을 서 있다.

되돌아와 눕는다.

지나친 사랑

지나친 관여

지나친 지나친 지나친

모든 것들에서

휩쓸리지 않으려

침대 모서리를 움켜쥔다.

빗소리에 눈을 감는다.

물만 먹고도 잘 자라는 고구마 순이 되어

밭고랑 사이를 힘차게 뻗어 나가는 꿈을 다시 꾼다.

어머니의 텃밭

어머니의 텃밭에 부지런한 동서가
꼰꾸듯 뿌린 상추며 시금치가
풀과 함께 성큼 자랐다.

어머니는 발걸음 소리
밭고랑 사이로
남겨 두었나 보다
쓰다듬던 손길 없어도
채소들이 송알송알 열렸다.

너무 자라서 드세지 않을까?
거칠지 않을까?
어머니 손길 그리워
나도 몰래 손 내밀었더니
어머니 보드라운 마음

그대로 만져진다.

"약도 안 했다. 맛있게 먹어라! 진짜 연하다!"
봉지 가득 담아 준 어머니 마음
동서도 어머니 그리워
텃밭 가득 그리움을 뿌렸을 테다.

어머니의 부름

어릴 적 어머니는
동성 이름 하나 부를 때
순이, 영이, 준이, 아무개야 하고
첫째부터 막내, 허허 웃음까지 더해서 부르셨다.

어릴 적 어머니의 나이에서
몇 개 손가락 접어
지금
내 나이가 되고 보니

어머니는

하나부터 열까지
챙기고 거두어 먹이느라
자식들 이름 뒤엉켜도

어느 한 놈 놓치지 않을 다짐이었나보다.

마음 보따리 풀어 펼칠 때에
줄줄이 사탕처럼
빠짐없이
불려 나왔나 보다.

어머니의 기도

마늘을 캐다
마주한
단호박꽃

허리 한 줌
펼 시간
아깝도록
거친 날에도

어머니의
기도는
빈틈이 없었다.

엄마의 인생론

힘들면 힘든 대로!
좋으면 좋은 대로!

엄마는
힘들다는 나를 대할 때면
인생이 술술 풀리기만 하면 무슨 재미냐
이런 날 저런 날 있단다 하셨지.

하얀 거짓말 속
든든한 위로는
당신도 그렇게 한 발 두 발 걸으셨다는
그래 그래 그렇구나의 다른 말.

힘들다가 웃다가
하루하루 지키는 나

그러 그래 그렇구나
기억하는 날.

어머니

팔순을 등에 두른 어머니
허리도 다리도 나무껍질 같은 손도 시간과 바꾸고
칼바람 찬 시장 골목 비린 좌판 위
떠나지 못하는 파리처럼 맴돌고 섰다.

"장사는 되시오?" 물으면
"노느니 앉았다. 가만있음 뭣하냐. 이거라도 해야지!"
툭 뱉는 한마디 이을 말을 잃는다.

사는 것이 끝없는 공부라며 허허 웃으실 때마다
초등학교도 너무 멀어 다니기 싫어 안 다니셨다는데
팔순을 이고 지고 오늘도 골목에서 삶을 배우신단다.

날 선 가시에 찔리고 베어도 움켜쥐고 놓지 못한것
죽은 생선의 잔해가 아니라

어머니가 부린 자식들의 검은 눈!
어머니를 두고 떠난 어머니에 대한 각오와
살아내야 한다는 당신에 대한 채찍!

전화선 넘어 들려오는 씩씩한 목소리에
"인제 그만하시오!" 책임지지 못할 투정을 부려도
센바람을 가르며 감사의 기도 듣는다.

바람만 지나는 시린 좌판 앞, 사람 없이 파리 날아도
허리도 서지 않은 무거운 몸을 끌고
희미한 웃을 웃고 흔들리며 섰다.

엄마하고 나하고

널따란 마당
한 모퉁이에
함지박 한가득
찬거리 다듬던
푸성귀엔 엄마 손
엄마 눈엔 아이 손
종알종알 짹짹 짹
끄덕끄덕 호호호
잘한다 잘한다 통통통

엄마의 이름

20대의 나는 엄마를 부를 때
박영애 여사님이라 불렀다.
부를 뒤에는

"허허허 왜 그러요 덕희 씨."
박 여사 속에는 엄마의 이름을 기억했나 보다.

30대의 나는 엄마를 부를 때
엄마만 불렀다.
부른 뒤에는
"오냐 잘살고 있냐?"
엄마 속에는 이름은 없고 나의 고단함뿐이었나 보다.

40대의 나는 엄마도 잊고
"잘 지내고 계시오?"

부른 뒤에는
"잘 산다. 고맙다."
엄마도 박영애도 없고 나만 남았다.

엄마가 된 나는
"덕희예요. 덕희입니다."
부른 이 없어도
잘도 나만 남긴다.

저녁 찌개를 끓이다
"박영애 여사님! 엄마아"
꽃 같은 이름을 불러본다.

사랑이신 거지

현관문이 서툴게 삐빅 거린다.
엄마가 오시나 보다.
오신다 전화도 없었지만
엄마가 틀림없다.
장사를 내려놓으시더니
쉬는 날이니 있겠거니 하신 거지.

"엄마요?" 하고 문을 여니
검정 봉지 손에 들고 허허 웃는다.
엄마의 시간은 기억 끝에 간혹 흔들리그
"니 생일이제. 생일날에는 갈치를 먹는 게 좋단다."
동화에도 구전에도 알려 준 이 없지만
엄마의 우화 속엔 잘 고른 두툼한 갈치 살로
막내딸의 안녕과 건강 기도하신 걸 테지.

잠 깬 새벽 머리맡 정한수 올려 두고
거친 손 가득가득 부비시던 염원이신 거지.
머리도 꼬리도 보이지 않고
미운 곳 하나 없는 사랑이신 거지.

어커이날

엄다랑
저녁을 먹자며 약속을 합니다.

피 한 방울 안 섞인 남하고 무수한 약속들
마음속에 빚으로 남아 탕감을 받으려
밥집과 찻집에 예약을 걸고
멋쩍은 얼굴로 웃으며 엄마 손 붙잡고
효녀인 척하는 날이라며 너스레 떱니다.

그런 날도 있어야 좋다며
지금도 충분하다고
까만 머리 주름진 얼굴로 껴안아 줍니다.

세 살 엄마

꽃분홍 슬리퍼 기우뚱기우뚱
알록달록 꽃바지 차르륵차르륵
서너 걸음 걷다가 난간에 기대어
하늘 한 번 보고서 땅 한 번 보고서
그저 귀한 세네 살 아이 걸음 아녀도
아직은 괜찮다 걸을 수 있단다 하네.

엄마 나이 몇 살이오?
하하하 세 살이오.
누군가 물으면 그저 이쁜 세 살이오.
육신의 꼿꼿함은 세월에게 보내고
마음의 꼿꼿함은 분홍빛에 물드는
꽃분홍 슬리퍼 기우뚱기우뚱.

안브

핸드폰 속
엄마가
진동으로 울린다.

지난밤
과로가
이불속에 말려 있다.

어디냐고
엄마가
기계음이 변환한다.

조립된
부품으로
건조하게 답한다.

창틀 앞
화분이
푸석하게 웃고 있다.

받은 글귀
복사해서
오늘도 행복하세요.

카톡 카톡
알림 속
아들딸이 궁금하다.

카톡 카톡
빨간불
아들딸은 캄캄하다.

예쁜 꽃

좋은 노래

오늘도 기다린다.

작가 인터뷰

잠시 홀로 앉아
내게 봄이 오는 소리가
어떻게 들리는지,
내가 좋아하는 시간과
나를 위로하는 것들이 무엇인지
생각해 보셨으면 해요.

시집을 출간하게 된 계기는 무엇인가요?

제가 코칭을 공부하면서 피코치로서 상담을 받았는데요. 코치님께서 어떨 때 행복함을 느끼냐는 질문을 하셨어요. 그 이후로 제가 뭘 좋아하는지에 대해 고민하기 시작했는데 결국은 책과 시였어요. '왜 책과 시일까.' 과거를 거슬러 올라가다 보니 어린 날의 기억이 떠오르더라고요. 초등학교도 들어가기 전이었을 거예요. 동네에서 나물을 캐다가 봄 까치 꽃을 보면서 불현듯 "나는 시인이 될 거야."라고 말했던 게 생각이 나더군요. 마음속 먼지 아래 가만히 가라앉아 있던 시인이란 꿈을 다시 꺼내보게 된 거죠.

코치님이 계속 책을 써보라는 말씀도 해주시고, 발간 계획도 자주 물어봐 주셨어요. 그러다 보니 작년에 시집을 내보고 싶다는 구체적인 열망이 생겨 지금까지 쓴 시들을 세어 봤죠. 150편 정도 되더라고요. 그걸 보고 습작으로 써둔 글들을 엮어서 책을 내보기로 했어요.

언제부터 시를 쓰셨나요?

본격적인 글쓰기는 아니었지만 가끔 떠오르는 생각들을 기록하긴 했었어요. 2007년도 무렵부터 꾸준히 썼던 글들을 엮은 게 이 시집이에요. 하나의 꿈을 실현하고 나면 그다음도 할 수 있을 것 같아서 한 편씩 써왔더니 이렇게 책을 내게 되었네요.

작가님에게 시를 쓴다는 것은 어떤 의미인가요?
써놓은 시들을 되돌아보니까 정말 기뻤을 때와 힘들었을 때마다 시를 썼더라고요. 희로애락이 버무려진 순간들 속에서도 '나'를 놓치고 싶지 않은 마음은 누구나 같을 거예요. 저 역시 어느새 50이 넘었지만 여전히 흔들리고 갈등하죠. 그럴 때 예전에 쓴 글들을 다시 읽다 보면 그때의 상황과 심정이 재현되는데요. 매번 좀 더 나은 사람이 되어야겠다, 삶을 조금 더 잘 살아야겠다고 다짐하게 돼요.

한편으로는 스스로에게 건네는 위로의 표현이 담긴 시들을 읽다 보면 치유가 되기도 하고요. 저에게 시를 쓰고, 읽는다는 건 한마디로 '나를 들여다보는 시간'이에요.

책에 수록된 작품 중 가장 애착이 가는 시는 무엇인가요?
유년 시절에 나물을 캐다가 시인이 되겠다고 처음 고백한 시 '꿈만 캐었어요'와 '봄 까치 꽃'이 제일 먼저 떠오르네요.

봄 까치 꽃은 아무 곳에나 피어 있는 정말 작은 들꽃이에요. 봄을 제일 먼저 알려주는 꽃이죠. 풀밭에 조그맣게 피어 있는 이 파란 꽃이 되게 씩씩해 보이더라고요. 저도 그렇게 누군가 알아주지 않아도 활짝 피고 스스로 할 일을 해야겠다고 생각했어요.

책 제목이기도 한 '노을을 노래하던 아이야'에 얽힌 이야기가 궁금합니다.

맞벌이를 했기 때문에 시어머니께서 육아를 많이 도와주셨는데요. 어머님을 힘들게 할까 봐 아이들에게 잔소리를 많이 했어요. 하지 말라는 건 많았는데 아이들 옆에 있어주는 시간은 적었죠. 그러던 어느 날, 평소처럼 야단을 치는 제게 큰 딸이 두 주먹을 불끈 쥐고 "엄마는 냉장고 엄마야!"라고 말하더라고요. 제 눈을 노려보며 하는 그 말에 가슴이 쿵 내려앉았죠. 냉철하고 차가운 엄마였던 스스로를 돌아보게 됐어요. 아이가 자란 지금은 응어리가 많이 풀어져서 한층 부드러운 관계가 됐지만요.

　그 아이가 지금은 성인이 되어서 직장 생활을 하고 있어요. 새벽같이 나가서 저녁 늦게 들어오는 모습이 안쓰럽고

가엽더라고요. 그러다 문득 아이가 어렸을 때 노을을 보고 황홀해하던 기억이 났어요. 자연의 아름다움을 해맑게 만끽하던 아이였거든요. 그래서 딸아이에게 '너에게도 그런 순수하고 아름다운 모습이 있었다. 그 시절을 한 번씩 돌아보며 기억했으면 좋겠다'라는 다음으로 그 시를 썼어요. 이 책의 독자분들도 각자 지닌 순수의 시절을 떠올릴 수 있었으면 해요.

'어머니'에 대한 시들은 어떤 마음으로 쓰셨나요?
저에게는 친정엄마와 시어머니, 두 분의 어머니가 계세요. '어머니의 텃밭'은 시어머니를 떠올리며 쓴 시예요. 결혼하고 시어머니와 15년을 함께 살았어요. 시부도님이 저를 정말 딸처럼 많이 사랑해 주셨거든요. 저희 아이들도 다 키워주셨죠. 어머님이 돌아가시고 나서 남편이 어머님의 텃밭을 남편이 가끔 돌보는데, 동서가 거기에 여러 씨앗을 뿌려놓았더라고요. 아마 동서도 어머니가 많이 그리웠나 봐요. 저 역시 시어머니가 늘 그리워요. 어머님께 받은 사랑과 감사한 마음을 다 돌려드리지 못한 것 같아 죄송한 마음이 크죠.

친정어머니도 노점상을 하시면서 5남매를 힘들게 키우셨는데도 불구하고 너무 씩씩하게 살아오셨어요. 제가 20대 때 직장 생활과 사람 때문에 힘들어하는 모습을 보며 '인생이 술술 풀리기만 하면 무슨 재미겠느냐'라고 말씀하시는 분이셨죠. 팔순이 지난 지금까지도 자식들에게 의지하지 않는 엄마에게 자식의 도리를 다 하지 못해 미안한 마음이에요. 그런 저를 외려 꼭 껴안아 주고, 마음으로 엉덩이를 통통 두드려 주는 엄마에 대한 제 마음들을 시에 녹여냈어요.

창작의 영감은 주로 어디에서 얻으시나요?

자연을 관찰하면서 수많은 이야기와 황홀함을 얻을 때가 많아요. 시골에서는 계절의 옷을 입은 자연을 오감으로 체감할 수 있거든요. 봄에 피는 꽃들이나 새소리, 퇴근할 때 차창 밖으로 지나가는 풍경들이 참 좋아요.

또, 일상에서 만나는 사람들과의 관계에서 느끼는 감정이 시의 주제가 되기도 하죠. 물론 불편하고 힘든 관계도 있지만 시를 쓸 때는 제 곁의 좋은 사람들을 향한 따뜻한 감정이 흘러나와요. 그것도 시 쓰기의 좋은 점이에요.

벌교에서의 삶이 작가님께 어떤 영향을 미쳤나요?

저는 평생 벌교를 떠나본 적이 없어요. '김덕희' 하면 "벌교에 아직 살고 있지?"라는 질문이 항상 따라와요. 저를 아는 사람들은 벌교의 대표 명사가 '김덕희'라고들 할 정도예요. 벌교 하면 저라는 사람이 함께 떠오른다니 참 감사하죠. 그만큼 벌교에서의 삶이 만족스러워요.

거의 매일 동네 산책을 하는데 어제 본 꽃과 오늘 본 꽃의 모습이 또 달라요. 제게는 그런 것들을 알아차리는 것에 큰 의미가 있어요. 또, 대부분의 동네 분들이 저를 다 알기 때문에 허투루 살면 안 된다는 생각이 들죠. 그래서 벌교는 욕심 부리지 않고 사는 법을 알게 해준 고마운 고향이기도 해요.

작품에 청각적인 표현이 많은데, 특별한 이유가 있나요?

누군가를 격려할 때에도 가만히 손 한 번 쓰다듬어주고, 토닥거려주는 걸로 끝내기보다 따뜻하고 진심 어린 말 한마디를 얹어주는 것에 의미를 느껴요. 타고나기를 청각적인 사람인 것 같아요. 시적 표현에도 그런 부분이 자연스럽게 드러나나 봐요.

마음을 표현하는 방법으로 왜 다른 장르가 아닌 '시'를 선택하셨나요?

사춘기 시절의 저는 말수가 적고 책을 좋아하는 아이였어요. 번역된 외국 시들이 참 많았는데 도대체 무슨 소리인지 잘 모르겠는 거예요. 그런데 계속 읽다 보니 시인이 사는 곳으로 가보는 상상을 하게 됐죠. 나아가 어떤 형태의 마음으로 이 시를 썼을까 하는 질문으로 이어졌고요. 작가가 하고자 하는 말을 어떻게든 이해하고 싶었거든요.

시라는 건 삶을 함축시켜놓은 문장인 것 같아요. 사람의 인생을 한 줄에 담아내니까요. 어렸을 때에도 시를 읽으며 '어떻게 이 짧은 문장에 그 많은 감정을 담아낼 수 있을까?' 하며 놀라곤 했죠. 소설은 사건들이 전개되면서 와닿는 점을 찾는 매력이 있다면, 시는 단 한 줄의 묘미가 있어요.

'좋은 시'란 뭘까요?

좋은 시란 '쉽게 읽히는 시'가 아닐까요. 사람은 누구나 시인이라고 생각하는데요. 시를 쓰는 사람도, 읽는 사람도 다 똑같은 '사람'이잖아요. 우리는 함께 살아가고 있고, 모두 비슷하기에 누구든지 쉽게 읽고 공감할 수 있는 게 중요한 것 같아요. 너무 난해한 시들은 작가의 의도를 알기 어렵고, 배경지식 없이는 왜 그런 시가 나왔는지 이해할 수가 없어요. 그래서 저는 쉽게 읽히면서도 삶이 배어 나오는 시를 쓰려고 해요. 쉽게 읽힌다고 해서 쉽게 쓰인 시는 아니니까요.

평소 가장 좋아하는 시는 무엇인가요?

천상병 시인의 시와 윤동주 시인의 시가 생각나네요. 천상병 시인의 시는 수필집 『괜찮다 괜찮다 다 괜찮다』를 통해 만나게 됐어요. 직장 생활을 하며 힘들 때마다 다 괜찮다고 위로를 건네주는 듯했어요. 천상병 시인의 시를 읽다 보면 살아온 삶의 굴곡에 비해 순수하고 맑은 시가 많아요. 일상을 행복하게 바라보는 그의 시선을 따라가다 보면 미소가 지어지죠. 천상병 시인의 '행복'처럼 저도 작고 사소한 일상의 행복을 놓치고 싶지 않고, 할 수만 있다면 누군가를 웃게 하는 시를 짓고 싶어요. 윤동주 시인의 시들은 슬픈 얼굴이 자주 보이지만 그 슬픔을 아름다운 시어로 승화시킨다는 생각을 해요. 시들을 읽을 때마다 뒤따르는 감정들을 곱씹어 보곤 하는데 삶에 관한 애정이 가득해요. 두 분의 시는 책장에 두고 자주 꺼내서 만나는 시예요.

시를 쓸 때 가장 어려운 점은 무엇인가요?

시 주제를 찾지 못할 때가 제일 힘들어요. 제 삶이 너무 평탄하고 결핍이 없는 것처럼 느껴질 때가 있어요. 예전에는 안 그랬는데 50이 지나면서 '오늘을 잘 살아야겠다'는 생각을 많이 하게 됐어요. 그랬더니 모든 게 다 만족스럽고 괜찮은 거예요. 글쓰기에 대한 일종의 나태가 밀려오더라고요. 저는 시인이 '관찰자'라고 생각하는데 사는 게 좋기만 하면 사물, 사람, 관계에 관한 깊은 고찰 없이 외형만 바라보고 지나가 버리기가 쉬워요. 계절의 변화만 바라볼 뿐 그 안에 화자로서의 생각이 비어 있으면 공허해지죠. 행복한 감정만을 가지고 시를 쓰는 것에 대한 고민이 있어요.

독자들이 작가님의 시를 읽고 어떤 감정을 느끼기를 기대하시나요?

제 시를 읽고 미소 지을 수 있다면 좋겠어요. 저는 봄꽃이 피는 소리를 '토도독톡' 하는 소리로 듣고 표현했는데요. 독자분들이 제 시를 읽으면서 '어라, 내 봄은 '톡! 토옥!' 하고 터지는데' 하고 자신만의 감수성과 언어를 발견할 수 있기를 바라요. 제 시가 피로하고 지친 일상을 다독이는 문장으로 가닿는다면 참 기쁠 것 같고요. 잠시 홀로 앉아 내게 봄이 오는 소리가 어떻게 들리는지, 내가 좋아하는 시간과 나를 위로하는 것들이 무엇인지 생각해 보셨으면 해요.

독자들에게 한 말씀해 주세요.
이 책에는 흔들리는 일상 속에서 어딘가에 기대고 싶은 제 마음이 담겨 있어요. 부족하지만 이게 제 모습이죠. 계절의 변화 속에 감탄하다 이내 아쉬워하기도 하고, 술 한 잔에 쓴맛 나는 하루를 비워내기도 하는 평범한 이야기예요. 기록하지 않았다면 스치듯 사라져버렸을 그런 하루하루죠. 독자분들 중에는 저와 비슷한 분도 계실 테고, 어떤 분들의 하루는 제 시들보다 훨씬 더 반짝일 거예요. 어떤 하루든 오늘을 잘 살아내고 계신 여러분들의 모든 날을 축복한다고 말해주고 싶어요. 진심으로요.

작가 홈페이지

노을을 노래하던 아이야

순수함으로 물든 페이지, 김덕희 시집

발행일 2024년 11월 28일

지은이 김덕희
펴낸이 마형민
기획 조도윤
편집 곽하늘 최지민 최지인
디자인 김안석 구혜린
펴낸곳 (주)페스트북
주소 경기도 안양시 안양판교로 20
홈페이지 festbook.co.kr

ⓒ 김덕희 2024

ISBN 979-11-6929-628-1 03810
값 15,000원

* 이 책은 저작권법에 의해 보호를 받는 저작물이므로 무단 전재와 무단 복제를 금합니다.
* (주)페스트북은 작가중심주의를 고수합니다. 누구나 인생의 새로운 챕터를 쓰도록 돕습니다.
  creative@festbook.co.kr로 자신만의 목소리를 보내주세요.